LÉON FRAPIÉ & PAUL-LOUIS GARNIER

SÉVÉRITÉ

PIÈCE EN UN ACTE

PARIS

CALMANN-LÉVY, ÉDITEURS

3, RUE AUBER, 3

SÉVÉRITÉ

PIÈCE EN UN ACTE

Représentée pour la première fois, à Paris, au THÉÂTRE ANTOINE,

le 3 avril 1906

LÉON FRAPIÉ & PAUL-LOUIS GARNIER

SÉVÉRITÉ

PIÈCE EN UN ACTE

PARIS

CALMANN-LÉVY, ÉDITEURS

3, RUE AUBER, 3

____

Cette pièce a été faite d'après la nouvelle intitulée *L'Accident*

contenue dans le volume L'ÉCOLIÈRE,

format grand in-18 ; Calmann-Lévy, éditeurs, 3 fr. 50 c.

____

PERSONNAGES

MONSIEUR MIRVALLON.	MM. Antoine.
MONSIEUR VAUBOIS . .	Denis d'Inès.
MADAME MIRVALLON. .	Mmes Van Doren.
MARIE	Gabrielle Fleury.
ALBERT.	Mlles Madeleine Parisel.
GRAPARD.	Amélie Parisel.

Lors de la mise à la scène de cette pièce, certaines coupures jugées opportunes, ont été faites dans le texte. Prière, le cas échéant, d'en demander l'indication aux auteurs.

SÉVÉRITÉ

Le théâtre représente à droite un jardinet, au fond grille et porte de clôture à claire-voie; on aperçoit de ce côté la route et la campagne. A gauche du théâtre, la façade d'une maisonnette bourgeoise aux environs de Paris; cette façade, qui ne donne que la perspective d'un seul étage, commence, à l'extrémité gauche du théâtre et se développe obliquement. Au milieu de la façade, un perron de cinq marches par où l'on accède à la salle à manger qui ouvre de plain-pied sur le devant de la scène. Au fond, à gauche, une cabane à outils, appuyée contre la grille de clôture; la porte de la cabane fait face au public. A droite, une table de jardin. Cinq heures de l'après-midi par un jour d'été. La scène est vide. Au bout d'un instant, Mirvallon apparaît, derrière la grille; il entre suivi de Grapard, dix ans, rachitique, flanqué de deux cartons volumineux. Grapard, vêtu d'une blouse noire à ceinturon, culotte courte, physionomie neutre, pâlotte, fatiguée, a l'air d'être ailleurs. Il s'arrête de lui-même après avoir franchi la grille, tandis que Mirvallon rouge, essoufflé, descend sur le devant de la scène et s'arrête à hauteur du perron. Il est vêtu d'un complet d'alpaga; il a de grosses moustaches blondes, des gestes autoritaires, une carrure vulgaire.

SCÈNE PREMIÈRE

MIRVALLON, sans se retourner, à Grapard,

Ferme ta porte. (Tandis que Grapard pousse la grille, Mirvallon pose son panama, s'éponge le front.) Ah! enfin... ce n'est pas trop tôt... ce sacré train de quatre heures dix-sept a toujours du retard. (Tout en parlant, il se tourne à moitié vers Grapard immobile, abruti, toujours chargé de ses paquets.) Eh bien, qu'est-ce que tu attends pour poser les paquets?...

GRAPARD.

Moi... je...

MIRVALLON, à part.

Décidément, c'est un garçon éveillé, celui-là. (A Grapard.) Quoi, quand tu resteras là à me regarder... je vais appeler Albert pour qu'il t'aide à monter tout cela jusqu'à la chambre de madame Mirvallon. Ah çà! où est-il Albert ? (Appelant.) Albert! Albert!

ALBERT, enfermé dans la cabane à outils.

Je suis là, papa.

MIRVALLON, remontant vers la cabane.

Comment, encore dans la cabane à outils!... ta mère a été obligée de t'enfermer là avant de sortir... tu étais encore insupportable, tu veux donc

nous faire tous damner. (Il fait jouer le loquet et pousse la
porte. Paraît Albert, neuf ans, penaud, figure intelligente, craintive,
déjà résignée, même costume que Grapard, blouse poussiéreuse et mal
mise. Albert sort, les yeux baissés. Mirvallon l'inspecte rapidement.)
Sacré garnement! et tu es dans un joli état; je
t'en paierai des blouses pour que tu les arranges
comme ça. Rien ne résiste à des gamins pareils!
Et veux-tu me dire maintenant, je te prie, ce que
tu avais encore fait pour que ta mère t'ait fourré
là. (Albert ne répond pas, lève les yeux sur son père, et les rabaisse
un moment après sur ses chaussures.) Tu es au moins monté
sur l'échelle? (Signe de dénégation d'Albert.) Ah! ce n'est
pas ça. Alors tu as encore été galvauder sur la
route avec des gamins de ton espèce... Tu sais ce
que je t'ai dit; je te l'ai défendu une fois pour
toutes; tu as des jouets, c'est pour rester ici...
A-t-on jamais vu ça... que je t'y reprenne un
peu... Tu ne réponds pas... c'est donc ça?

ALBERT.

Non, papa. Il y a que j'ai joué avec l'arrosoir.

MIRVALLON, sur un ton de stupéfaction indignée.

Avec l'arrosoir! Ah çà! tu te crois donc tout
permis ici... Eh bien, pourquoi ne joues-tu pas

maintenant avec le piano et la cave à liqueurs ?...
Tu ne resteras donc jamais tranquille ? Je t'ai
déjà répété que personne, pas même ta mère,
n'avait le droit ici de se servir de l'arrosoir,
excepté moi... C'est toi qui me les remplaceras,
mes bégonias, quand tu les auras fait pourrir ?
(Grapard et Albert se regardent. Mirvallon se sépare d'eux, fait quelques pas, se retourne et s'adressant à Albert.) Et maintenant
tu vas me faire le plaisir de monter avec ce
gamin jusqu'à la chambre de ta mère, tu mettras
les cartons sur le lit, et ne flânez pas. (Grapard et
Albert disparaissent. Mirvallon s'assied, tire son journal, le déplie,
ajuste son lorgnon et tout en parcourant parle.) On ne peut pas
en arriver à bout... Il vous écoute comme ça, on
croit que la leçon va lui profiter... pfft... finale-
ment, il n'en fait qu'à sa tête... (Il lit le journal.)
Tiens... Albert, mon ami, tu vas filer droit, sans
ça, tu auras de mes nouvelles. (Un temps.) Il faut
que je lui fasse peur à Albert... ça le rendra plus
souple... Il n'y a pas deux manières d'élever les
enfants, ils doivent commencer par apprendre à
obéir. Faire du sentiment avec eux, c'est de la
bêtise... bâiller à tout ce qu'ils disent, c'est le
meilleur moyen d'en faire des propre-à-rien...
Un fichu service qu'on leur rend... un enfant
vous manque, il ne faut pas le rater... une bonne
punition, c'est un exemple : la fermeté porte tou-

jours ses fruits. (A ce moment, Albert et Grapard réapparaissent sur le perron. Mirvallon se retourne et interpelle Albert; Grapard reste en arrière.) Arrive ici! Tu as encore les mains sales... A propos, est-ce que tu te souviens de ce que je t'ai dit l'autre jour? Non... Tu ne te rappelles pas. (Il met sa main gauche devant sa bouche pour qu'Albert qui baisse les yeux ne le voie pas sourire.) que je t'ai menacé de te mettre à la porte si tu continuais... tu sais comment ça se pratique, n'est-ce pas? Tu en as déjà vu renvoyer des bonnes... eh bien, mon gaillard, ça y est, je te renvoie... tu l'auras voulu... je ne veux plus d'un garçon qui n'écoute rien... tu peux t'en aller, c'est fini. (Désignant Grapard.) Tiens, tu vois Grapard, le petit qui a porté les paquets de la gare, eh bien, c'est lui qui va te remplacer!

ALBERT.

Oh! papa, mais tu...

MIRVALLON, sur un ton volontairement brusque.

Il n'y a pas de mais... quand je dis une chose... (Il se tourne vers Grapard et presque aimablement.) Tu n'as pas goûté, mon petit?... Tu peux aller demander un morceau de pain à la bonne... si tu veux... (signe d'assentiment hébété de Grapard. Mirvallon, conscient de l'effet qu'il a produit se tourne vers Albert.) Ta mère n'est pas rentrée ? (Signe de dénégation d'Albert ; Mirvallon le fixe un instant sans rien dire et mesure l'effet de ses paroles. A part soi.) Il va être parfait jusqu'à demain matin ! (Mirvallon rompt le silence et comme s'il allait dire : « Allons, ça passe pour cette fois, je te garde », il fait seulement sur un ton brusque.) Allons... (A ce moment, on sonne à la grille : il se lève et remonte en disant.) On sonne ! C'est au moins Julie qui a oublié ses clefs en partant. (Il s'approche de la grille et reconnaît un visiteur : auquel il va de lui-même ouvrir la porte.) Ah ! c'est vous, Vaubois, entrez donc, cher ami, comme ça se trouve, je vous ai justement cherché sur le quai de la gare, en partant aujourd'hui.

SCÈNE II

VAUBOIS.

Moi aussi... je reste une seconde, je ne m'assieds pas.

MIRVALLON.

Si pressé que ça ?

VAUBOIS.

Vous le demandez... vous êtes au courant, je suppose?

MIRVALLON.

De quoi?

VAUBOIS.

Comment, moi qui croyais... Alors, vous ne savez rien... d'où sortez-vous?... Eh bien, Moreau, le successeur à Baloche, celui avec qui vous avez des intérêts, on dit qu'il va sauter.

MIRVALLON.

Sacrebleu! Moreau?

VAUBOIS.

Oui, Moreau, parfaitement, il branle dans le manche: c'est la baisse sur les peaux qui lui vaut ça.

MIRVALLON.

Qu'est-ce que vous me dites là? Ce n'est pas

possible. Voyons, je connais Moreau... enfin savez-
vous au moins quelque chose de précis?

VAUBOIS.

On a dû repasser par chez moi pour me donner
des détails... c'est pour ça que je veux rentrer...

MIRVALLON.

Alors, je vais avec vous...

VAUBOIS.

Bon, dépêchez-vous.

MIRVALLON *Cherche précipitamment son chapeau, l'aperçoit
sur la table, descend pour le prendre; à ce moment il tourne le
dos à Vaubois qui est resté à la hauteur de la grille, c'est à Vaubois
cependant que s'adressent deux des phrases de la réplique suivante.*

Mon chapeau? (il l'aperçoit.) Ah! (En allant le prendre.)
Vous savez qu'il me doit trois mille francs... et
moi qui ne voulais pas encore tirer de traites sur
lui.

*Pendant toute cette scène, Albert affligé visiblement tourne au-
tour de son père; on doit comprendre qu'il désire vivement
lui demander pardon; il tâche d'attirer son attention et fait à mi-
voix : « Papa, papa ». Mirvallon ne l'entend pas, fouille ses poches
comme s'il lui manquait quelque chose. Grapard reste de côté les
bras ballants, l'air hébété.*

VAUBOIS.

Allons, y êtes-vous?

MIRVALLON, furieux.

Voilà... pas plutôt sorti d'un embêtement qu'il en arrive un autre! (Mirvallon est à la grille; Albert regarde son père, il le tire timidement par la jaquette; Mirvallon ne s'en aperçoit pas; avec un geste de menace, et comme s'il s'adressait à Moreau — Albert prend pour lui l'apostrophe.) Cette fois, c'est fini... j'y suis bien décidé... (Fortement.) J'irai jusqu'au bout avec celui-là.

Ils sortent. On entend la voix courroucée de Mirvallon; Albert les regarde partir; il laisse retomber ses bras en un geste de désespoir.

SCÈNE III

ALBERT, pathétique.

Il ne m'a pas pardonné.

GRAPARD.

T'as rien dit...

ALBERT , sur un ton triste.

Est-ce que je pouvais?... Il n'aurait pas voulu...
tu vois, c'est vrai que tu me remplaces.

GRAPARD.

Moi, je sais pas.

ALBERT.

Tu ne sais pas... t'as bien entendu ce qu'il t'a
dit, papa...

GRAPARD.

Oui...

ALBERT.

Et t'as vu comme il était en colère?...

GRAPARD.

Il a rien l'air méchant.

ALBERT.

Y a des fois... dans tous les cas, te voilà à ma
place.

GRAPARD.

C'est pas vrai.

ALBERT.

Pourquoi que tu restes là alors?

GRAPARD.

C'est rapport aux deux sous qu'on me donne,
quand c'est que j'apporte des paquets de la
gare...

ALBERT.

Tu vois bien que papa est parti sans te les
donner, tes deux sous... d'abord. il peut pas te les
donner puisque t'es de la maison maintenant.

GRAPARD, qui ne comprend qu'à demi et désire ne pas perdre
l'aubaine qui lui échoit ordinairement.

Tout de même...

ALBERT.

Mais non..., puisque je te dis que tu restes...
c'est papa qui veut... Moi... je m'en vais... il
faut... je suis mis à la porte... c'est comme pour
les bonnes, tu comprends?

GRAPARD.

Alors, comme ça?...

ALBERT, l'interrompant.

Tiens, quand maman n'est pas contente, elle va tout droit à la bonne, et puis elle lui dit : « Ma fille, je regrette, mais vous ne faites pas l'affaire... » Eh bien, ça veut dire qu'elle s'en va, la bonne, qu'on la renvoie... moi, c'est la même chose... je ne fais pas l'affaire... on me garde pas... et c'est pour ça que t'es ici pour rester maintenant...

GRAPARD.

Ah! Et, alors, je les aurai pas?...

ALBERT.

Quoi ?

GRAPARD.

Ben, mes deux sous.

ALBERT.

Sûrement que non... ça ne fait rien, j'aimerais

bien mieux ne jamais avoir de sous et pas m'en
aller.

GRAPARD, dépité.

C'est égal...

ALBERT.

Et tu sais, l'as rien à dire, papa fait toujours
comme il a dit... c'est comme c'est... une fois
j'ai mis des papiers dans la cheminée ; papa a dit
que je voulais mettre le feu... alors, il m'a mené
là sur la route et il m'a pas ouvert la grille, qu'au
dîner... il n'a pas pardonné non plus ce jour-là...

GRAPARD.

Qu'est-ce que t'as fait sur la route ?

ALBERT.

Rien, j'ai attendu...

GRAPARD.

Vrai, il n'est pas bon, ton père...

ALBERT.

Ben, voilà, il dit qu'il aime pas répéter... il
faut écouter et faire comme il veut... si tu attends,

2

c'est là que c'est mauvais. papa est très en
colère... c'est pour ça qu'il faut plus que je sois
là. quand il va rentrer... je suis renvoyé.

GRAPARD.

Pour de vrai que t'es renvoyé?

ALBERT, comme s'il voyait déjà les conséquences
de ce qu'il redoute.

Dame. t'as bien vu... j'ai pas été pardonné...
tout à l'heure. je serai parti... ben... si je restais...

GRAPARD.

Quoi qu'ça ferait ?

ALBERT.

Oh ! la la ! Tiens. je me rappelle : papa avait
dit un matin de renvoyer une bonne tout de
suite ; alors, comme elle était encore là le soir, il
a fait une scène que maman a été malade deux
jours... même il a cassé l'arrosoir d'avant celui-là
que tu vois...

GRAPARD regarde l'arrosoir et s'écarte dans un sentiment
spontané de frayeur.

Oh !...

ALBERT.

Oui, et tout le monde a eu peur de le voir
comme ça... maman a pleuré, pleuré, et après
elle est restée longtemps sans rien dire... Alors
qu'est-ce qu'il ferait, papa, s'il me retrouvait
encore là après qu'il m'a renvoyé ?

GRAPARD, apeuré.

Peut-être qu'il casserait encore celui-là.

Il désigne l'arrosoir.

ALBERT.

Je ne sais pas, mais ce qu'il y a de sûr, c'est
que maman serait encore malade... alors, rien
que pour ça, j'aime mieux m'en aller...

Court silence.

GRAPARD.

Elle est souvent malade ta mère ?

ALBERT.

Oui, assez. C'est les colères de papa qui la rendent malade. Ça la secoue. Elle dit souvent : « Je ferais n'importe quoi pour éviter que ton père soit contrarié. » Et c'est vrai... alors puisque papa veut, il faut bien que je m'en aille... sans ça, je vois bien tout ce qui arriverait... et que ça serait après maman que papa crierait... (Grapard écoute ce récit avec une attention marquée. Un silence pendant lequel Grapard considère avec étonnement Albert et les choses qui l'entourent. Albert reprend.) Avant, je vais te mettre au courant puisque tu me remplaces... En te montrant, comme ça tu seras un peu habitué.

GRAPARD.

Oui... mais...

ALBERT, l'interrompant.

Alors, viens... (Il tend la main à Grapard, tous deux montent les marches du perron ; Grapard est presque de dos pendant qu'Albert parle et désigne les pièces une à une.) Ici, tu vois. c'est la salle à manger, tu dois pas y entrer seul ; par terre c'est ciré... prends garde de ne pas traîner tes pieds... ça marque... Tu sais, à table, papa aime pas qu'on se tienne mal. Faut pas redemander des plats ; si t'en reveux, t'auras un peu de sauce et maman te dira : « Tiens, mange de la mie, ça te fera grandir »... Tu vois, vaut mieux pas essayer... (Un temps.) Ah ! souvent on a fini, seulement on attend, parce que papa en reprend beaucoup, alors ça dure ; faut pas te tortiller sur la chaise, faut pas non plus que t'allonges le cou comme un idiot pour regarder papa, sans ça maman te dit : « Quand tu auras fini de dévisager ton père ! » Non, t'as l'air de rien, tu regardes comme ça les mouches sous la suspension, ou bien la pendule, ou les bonshommes de bois qui sont sur le buffet. C'est y comme ça que tu faisais ?

GRAPARD.

Non... peut-être que je saurais pas... moi, on m'en met plein une terrine et on s'occupe pas...

ALBERT.

Ah ! tu vois, ici, c'est autrement. (Un temps.) Attends. La grande porte, là, c'est le salon, tu dois pas y aller ; pour toi, c'est comme si y en avait pas. C'est bien rare quand tu y entres, faut pour ça qu'il y ait du monde et qu'on t'appelle ; alors tu vas te laver les mains, tu frottes tes chaussures sur le paillasson et t'as un air bien poli et content.

GRAPARD.

Pour quoi c'est faire le salon?

ALBERT.

Ben, c'est pour quand il y a du monde... Si t'y vas, rappelle-toi bien, gare aux tapis pour tes pieds et surtout n'aie pas l'air d'écouter si on parle de toi. Fais comme si t'avais envie de jouer... tourne la tête comme ça... (Un temps. Albert avance un peu et se place obliquement.) Là, maintenant, viens par ici, je vais te montrer le corridor. (Grapard le rejoint.) Au bout c'est la cuisine. Tu dois pas y aller sauf que le matin t'y vas pour cirer tes chaussures, un jour tu mets du cirage; un jour tu craches; jamais de cirage deux jours de suite; les jours qu'il a plu t'as beau cracher, t'as beau frotter, mon vieux t'arrives à rien. (Albert détourne les yeux et regarde les pieds de Grapard.) Et puis, t'as de gros sou-liers; ça brille pas, hein?

GRAPARD, résigné.

Ben non.
Court silence.

ALBERT.

Enfin. Ah! dis donc, quand t'es dans la cuisine tu dois pas parler à la bonne. Maman ne veut pas; elle dit : « Si le petit se mêle de vos affaires, vous n'avez qu'à le mettre dehors. » Mais t'y parles tout de même, seulement si on vient, tu te remets à frotter fort. T'as l'air distrait, tu fais tu tu... tu tu tu... et puis la bonne trifouille son fourneau pour voir si le feu prend bien... Voilà. Tu verras, les bonnes aiment bien causer. Moi quand Mélie était là, je savais toujours quand il y avait du flan.

GRAPARD, avec admiration.

Du flan?

ALBERT.

Oui, seulement j'avais pas l'air qu'on me l'ait dit. Tu dois jamais savoir ce qu'il y a pour dîner.

GRAPARD.

A cause?

ALBERT.

A cause que c'est très mal élevé de demander...

GRAPARD.

Pourquoi que c'est très mal élevé?

ALBERT, qui ne sait que répondre.

Ben... enfin, c'est comme ça...

GRAPARD.

Ah!

Court silence.

ALBERT.

Tiens, maintenant, je vais te montrer les chambres... viens avec moi (Ils descendent le perron et vont se placer à droite de la scène. Albert désigne à Grapard les fenêtres du premier.) On les voit d'ici, la fenêtre là, c'est la chambre à coucher de papa et maman (Avec force.) tu ne dois jamais y entrer. N'y a qu'au jour de l'an et à la fête de maman; alors tu viens pieds nus en te réveillant et t'embrasses papa et maman dans le lit. Les moustaches de papa sentent la poudre de riz de maman. Tu récites ton compliment et tu t'en vas. On ne veut pas que tu tournes la tête du côté du cabinet de toilette... une fois exprès j'ai regardé de côté (Avec admiration.) il y en a des choses... La fenêtre par ici, avec de petits rideaux, ça sera ta chambre. Là tu peux y entrer : tu verras, on est bien dans le lit... moi je l'aimais le mieux de tout, mon lit. Au bas de l'armoire dans un coin, il y a mes habits du dimanche et ma belle cravate bleue. Si les bottines te font mal aux pieds, faut rien dire; dame, tu comprends, il faut les user. Si ton pied a grandi, à qui la faute? Les bottines c'est pas en gomme, ça ne peut pas s'allonger comme ça (Signes d'assentiment de Grapard. Un temps. Albert reprend.) Ah! pour les jouets il faut que je t'explique. Tout en haut, dans la chambre, il y a une grande planche que tu ne peux pas attraper, même en montant sur le lit, j'ai essayé. C'est là dessus que sont les beaux jouets, tu ne dois jamais jouer avec, ils ont coûté trop cher; papa a dit: « Il faut les économiser. » C'est comme ça, tu comprends, toi? et c'est malheureux, parce qu'ils sont tout neufs.

GRAPARD.

Alors on joue pas.

ALBERT.

Si, avec les jouets ordinaires. Ils sont sous le
lit, dans un vieux panier; y a des billes, un
ballon, un bonhomme en carton. Tu peux t'en
servir tant que tu veux, seulement pas dans la
maison à cause des meubles, pas dans le jardin à
cause des fleurs, pas sur la route, à cause des
voitures...

GRAPARD.

Ah ! où ça alors ?

ALBERT.

Ben partout excepté où que je t'ai dit... (Grapard
regarde à gauche et paraît manifestement ahuri. Albert continuant.)
Enfin, t'es renseigné sur... (Albert aperçoit Grapard très
absorbé.) Mais écoute donc... fais attention... tu sais
bien que je vais m'en aller... c'est pour toi...

GRAPARD, effaré.

Oui...j'écoute...

ALBERT.

Maintenant t'es au courant pour les jouets, tu
sais où que tu peux les prendre...

GRAPARD.

Oui... sous le lit.

ALBERT.

Mais y en a un que tu n'auras pas. (Il fouille dans
sa poche sous sa blouse et tire une toupie. Albert, au cours de cette
tirade, dissimulera mal une émotion d'enfant que le public doit
percevoir.) Tiens, tu vois, j'ai une toupie, c'est Mélie
qui me l'a donnée : eh bien, celle-là elle est à
moi pour de vrai... je l'emporte, je ne l'oublierai
pas ici, va...

GRAPARD.

Mélie, c'était elle qui te disait pour le flan ?

ALBERT.

Oui, je l'aimais bien... pas seulement pour ça...
Quand maman n'était pas là, je restais dans la
cuisine avec elle... elle savait toutes sortes d'histoires... des fois elle sortait un peu sans qu'on
sache... je l'ai jamais dit... elle était bien amie
avec moi ; quand maman venait dans le couloir,
elle disait : « Sauve-toi vite », comme ça j'étais pas
attrapé... Y avait des jours qu'elle chantait dans

la cuisine, d'autres fois qu'elle était fatiguée, fatiguée, elle s'asseyait, elle avait l'air en deux... à la fin elle avait bien de la peine... elle pleurait tout le temps sans rien dire ; tous les jours, elle me demandait : « Tu ne vois rien, tu ne vois rien ».

GRAPARD.

Quoi qu'elle avait donc ?

ALBERT.

Je sais pas, je sais seulement qu'un jour on l'a renvoyée, parce que tout d'un coup, elle avait grossi, grossi... Maman et papa sont allés dans la cuisine... y en a eu une scène... maman était rouge... papa criait... On avait fermé la porte pour que je n'entende pas... Mélie est partie le lendemain matin, sans que je la voie... Après j'ai seulement entendu à table que maman disait : « C'est une fille », et papa a répondu : « Il faut changer de boucher ».

GRAPARD.

Peut-être qu'elle avait mangé trop de flan ?

ALBERT.

C'est pas ça qui fait grossir, sans ça papa... (Un temps.) C'est tout de même bien malheureux qu'elle soit plus là Mélie... Y a près d'un an qu'elle est partie à présent (Court silence méditatif.) Quand t'iras causer à la bonne, tâche qu'on ne te voie pas, sans ça, mon vieux, t'es sûr du martinet... et il fouette bien... t'en as déjà eu ?...

GRAPARD.

Non.

ALBERT.

Tu sais pas ce que c'est.

GRAPARD.

Non.

ALBERT.

Alors, on te bat pas?

GRAPARD.

Si... maman...

ALBERT.

Avec quoi?

GRAPARD.

A' m'claque.

ALBERT, très simplement.

Ah! ici c'est le martinet... n'y a que maman qui s'en sert... tiens... (Il attire Grapard près de lui.) On le voit d'ici, il est accroché au porte-manteau; on sait où il est, va...

GRAPARD.

Ça fait mal?

ALBERT.

Ça cingle... et on en a souvent! A la fin du mois t'en reçois encore plus.

GRAPARD.

A cause?

ALBERT.

Dame! papa rentre, il se met à table, se frotte
la tête avec ses mains, sans parler. Maman, ça
l'ennuie, elle voudrait causer, elle dit « Eh bien »?
Alors papa la regarde et il répond en colère : « Eh
bien, rien! » On parle plus jusqu'à la fin. T'es
sûr de ton affaire. Après le dîner, ça tombe...

GRAPARD.

Quoi ?

ALBERT.

Eh ben!... les coups... même plutôt que d'attendre, puisqu'il faut tout de même que tu en
reçoives, ce que tu as de mieux à faire c'est de
traîner les pieds tout de suite, ou de te verser du
vin tout seul, ou de renifler... Maman ne peut pas
souffrir ça, surtout ces jours-là; alors elle se lève,
elle te prend par l'oreille : « Arrive ici que je te
corrige ». Après ça, tu vas te coucher tout de
suite; t'as pas de dessert; mais au moins, t'es
bien plus vite débarrassé.

GRAPARD.

Censément, dame!... Mais quand t'en avais du dessert, c'était quoi...

ALBERT, énervé par cette question, répond brusquement et reprend le fil de son idée.

N'importe... ça dépendait... En somme, je te dis le martinet, c'est suivant que papa a l'air fâché ou qu'il est content. S'il est content, c'est bien rare quand t'en as... maintenant il y a aussi des fois que tu en reçois sans savoir.

GRAPARD.

Ah! et à cause?...

ALBERT.

Ben... quand maman a mal à la tête. D'abord elle se lève pas tout de suite, mais tu perds rien pour attendre. Ces jours-là, c'est très mauvais pour toi, t'aurais beau faire, t'y passes tout de même. Voilà, ça vient comme ça : maman reste en peignoir et sort pas du tout de la journée, d'abord elle met sa tête dans sa main et elle tourne ; après

cela elle va à la cuisine, ça commence par la bonne. Maman l'attrape, elle reste là longtemps pour la regarder. Des fois elle a envie de ranger, alors elle pousse les pots et les bouteilles qui sont sur la planche. C'est mauvais signe. Après c'est mon tour. Maman vient où je suis. Alors tu comprends, y a toujours quelque chose que j'ai pas fait ou quelque chose qu'il fallait pas. Ça y est, voilà mon compte. (Un temps.) C'est comme ça. Maintenant, c'est à toi. Enfin, je t'ai montré; t'es au courant. Peut-être que tu resteras pas non plus?

GRAPARD.

Je sais pas.

ALBERT.

Moi je t'ai dit ce qu'il y a... et puis t'as pas à choisir maintenant... c'est toi qui...

A ce moment Marie, la bonne, parait sur le perron, regarde à droite et à gauche, aperçoit Albert, et tout en parlant gagne la grille sans attendre une réponse.

MARIE.

Tiens, vous êtes là, Albert... au moins en train de faire des bêtises. (Elle regarde sa montre, à part.) Cinq

3.

heures et demie et madame qui va arriver... (*haut à Albert au moment où elle sort.*) Si on vous demande où je suis, je vais jusqu'à la poste, j'en ai pour un quart d'heure.

Elle sort.

ALBERT.

Elle sait pas que je m'en vais...

GRAPARD.

Qui c'est ?

ALBERT.

Eh ben, c'est Marie la bonne, celle qui a remplacé Mélie. Quand elle est rentrée, maman lui a dit : « Eh ben, ma fille, c'est entendu... vous vous plairez ici, j'en suis sûre, vous verrez, la maison est excellente. » Et puis elle y a dit comme ça comment qu'il fallait faire et t'as qu'à écouter, parce que pour toi c'est la même chose, comme pour la bonne, tout à fait.

GRAPARD, *sur un ton de surprise un peu effarée.*

Ah !

ALBERT, *sur le ton sec de sa mère.*

Voilà... En somme qu'est-ce qu'il faut ici, c'est bien simple, il n'y a qu'à être poli, prévenant, courageux, économe, raisonnable, dévoué, complaisant, modeste, gai, sobre, attentif...

GRAPARD, *avec une évidente appréhension.*

Et propre?

ALBERT.

Et propre?... Je pense. A part ça, il n'y a plus qu'à pas être curieux, pas répondre, pas toucher, pas regarder, pas entrer, pas prendre, pas parler, pas rire, pas...

GRAPARD, *sur un ton inquiet.*

... Pas respirer, non plus alors?

ALBERT.

Si un peu tout de même.

GRAPARD.

Alors faudrait que je sois censément tout ce que t'as dit là...

ALBERT.

Dame! sans ça on ne te gardera pas.

GRAPARD.

Ben, tu sais, j'aime mieux pas commencer.

ALBERT.

Mais puisque t'es à ma place! T'as beau dire, t'y changeras rien, va. Tu n'as qu'à attendre ici que papa revienne. (Il lui montre la marche du perron.) Assieds-toi là, si tu veux; quand on viendra, tu te lèveras; maintenant moi, je m'en vais. Il faut bien... c'est pas gai, va... y avait bien des fois aussi où j'étais tranquille... maman me mettait pas toujours dans la cabane... souvent elle s'amusait avec moi sans se fâcher... c'est de la laisser qui m'ennuie le plus... je quitte pour longtemps... peut-être que je repasserai tout de même par ici, quand je serai vieux... tu me reconnaîtras plus ou bien tu seras parti aussi. J'aurai de la barbe. un grand chapeau qui me tombera sur les yeux. Je sonnerai à la porte pour voir : papa se dérangera pas, il croira que c'est un pauvre... peut-être

aussi que la bonne fera comme Mélie... quand y avait des vieux qui venaient comme ça à la grille, elle passait des morceaux de pain, sans avoir l'air, en dessous, parce que papa aurait crié sans ça. Et en y allant, elle disait tout fort pour qu'on se doute pas : « Je vais aller le chasser, parce que ces vagabonds, on ne sait jamais, ils mettent des cailloux dans la serrure. » J'ai entendu dire où qu'elle restait. Mélie; maintenant n'aie pas peur, je suis bien sûr de la retrouver. Seulement, avant, tu ne sais pas ce que je vais faire?

GRAPARD.

Non!... Eh bien?...

ALBERT.

Voilà, maintenant, puisque je m'en vais, je peux désobéir tant que je veux... on peut plus rien me dire... dame!... eh ben, je vais faire comme le monsieur que maman a lu tout haut sur le journal (Grapard redouble d'attention.) Je vais aller au passage à niveau, je suivrai le rail du chemin de fer, là où c'est défendu... au moins là, je pourrai marcher tant que je voudrai et je rencontrerai personne...

GRAPARD.

On lui a rien fait au monsieur?

ALBERT, sans attacher autrement d'importance
aux paroles qu'il prononce.

Ben... y a eu la fatalité.

GRAPARD.

Qu'est-ce que c'est?

ALBERT, d'un air qui veut être renseigné.

La fatalité... ben quoi, c'est la fatalité... Enfin
maman a lu comme ça sur le journal.

GRAPARD.

Est-ce que c'est du mal?

ALBERT.

Pourquoi que c'en serait?

GRAPARD.

Dame...

ALBERT.

Tu dis sans savoir. Et puis d'abord, maintenant je peux faire comme je veux: c'est mon idée d'aller me promener par là-bas, où qu'on passe pas... du côté qu'il y a les gros poteaux.

GRAPARD, terrifié.

Ben, ce que c'est défendu !

ALBERT.

Tant mieux, j'irai encore plus loin...

GRAPARD, avec stupeur.

Oh !

ALBERT.

Si, tu verras... Et d'abord, puisque je suis plus d'ici, papa peut plus me le défendre...

GRAPARD, avec le sentiment confus de quelque chose de grave.

Tout de même...

ALBERT.

T'as peur, on dirait. Pourquoi? Qu'est-ce qu'il
y a?

GRAPARD essaie de faire comprendre la raison supérieure
qu'il perçoit confusément.

Enfin...

ALBERT, avec une désinvolture énervée.

Tu ne sais pas même dire ce que t'as... et puis
d'abord c'est pas toi, n'est-ce pas? Tiens je m'en
vais... ils ne sauront pas où que j'ai été, puisqu'ils
veulent plus de moi... n'y a que maman (Il se tait
un instant.)... Mais elle aurait dit comme papa...
elle m'aurait pas pardonné non plus... si seulement elle était rentrée... je l'aurais bien embrassée
tout de même... (A Grapard.) Tu la verras toi... moi,
je sais plus quand... je sais tout de même où
aller, va... qu'est-ce qu'elle va dire, Mélie, en me
revoyant?... bien sûr elle sera contente et je serai
plus attrapé... voilà, eh ben, au revoir...

Il remonte, pousse la grille, sort, tourne la tête à droite, à gauche,
pendant un court instant, puis disparaît. Grapard est seul en scène,
assis sur une marche du perron, il suit Albert des yeux, sans bou-
ger. Albert disparaît au bout d'un moment. Grapard se rend plus
nettement compte de la situation; il s'aperçoit mieux qu'il est
seul, que l'autre est parti, il se lève et remonte avec une précipitation gauche jusqu'à la grille; là il appelle.)

SCÈNE IV

GRAPARD, seul.

Hé! hé!... il m'entend seulement plus... ce qu'il va vite... il est déjà au tournant de la maison à Charles... ben alors, comme ça le v'là parti... c'est y seulement sûr tout ce qu'il a dit là... moi, je sais bien que les autres fois on me donnait deux sous... je les ai pas eus... y a ça... seulement faudrait que je m'en vas maintenant... et puis ça va être la soupe... alors, si j'attends pas. je les aurai pas... l'autre fois ils étaient neufs... c'est ennuyant tout de même. (Il fait quelques pas, les mains dans ses poches, et regarde tout autour de lui, il commence à montrer une vive inquiétude.) Y a plus personne... v'là qu'ils sont tous partis à présent. Ben c'est pas ordinaire!... pourquoi qu'ils sont plus là?... et l'autre là, pourquoi qu'il m'a laissé comme ça?... j'y ai rien fait... d'abord il cause trop... et puis qu'est-ce qu'il a à raconter sur le passage à niveau?... en v'là des idées... et si on est attrapé là où que c'est défendu, ça doit en être des affaires. (Un temps, il fait quelques pas.) Ils viennent toujours pas les autres... je vois bien d'abord... maintenant c'est sûr que je les aurai pas. (Il bougonne entre ses dents et se coiffe.) Tout ça c'est pour pas me les donner... à moi qui suis venu de la gare... et que Jules va m'attraper encore... eh ben, j'y reporterai plus de paquets ici... c'est égal... ils sont rudement pas...

A ce moment, madame Mirvallon paraît derrière la grille et fait jouer le loquet. Grapard se retourne et paraît stupéfait. Madame Mirvallon l'interpelle.

SCENE V

MADAME MIRVALLON, très vite.

Tiens, qu'est-ce que tu fais là, toi? Qu'est-ce qui t'amène?

GRAPARD, très intimidé.

Je... j'ai porté... à cause que...

MADAME MIRVALLON, l'interrompant.

Bon... je devine... tu as apporté des cartons, comme l'autre fois: on les a montés là-haut?

GRAPARD.

Oui...

MADAME MIRVALLON.

Eh bien, maintenant que c'est fait, il faut t'en
aller, mon petit...

GRAPARD, d'un air renfrogné, se dirige vers la grille lentement.

Oui...

Il fait trois ou quatre pas. Madame Mirvallon le rappelle.

MADAME MIRVALLON.

Est-ce qu'on t'a donné quelque chose pour ta
peine ? (signe très accusé de dénégation de Grapard.) Tiens,
voilà deux sous... sauve-toi vite !

GRAPARD.

Merci... Madame.

Il part en courant.

MADAME MIRVALLON.

Quelle journée ! Dieu que c'est agaçant de faire
des visites par une chaleur pareille. Vraiment, si
ce n'était pas pour Émile, il y a longtemps que...
(Elle aperçoit la cabane à outils ouverte et vide.) Tiens... on a
délivré Albert... la leçon a dû lui servir... Ce
n'est pas un mauvais enfant, mais il faut le tenir

sévèrement… (*Elle jette ses gants sur la table.*) Ouf! je suis en nage… (*On pousse la porte. Marie rentre et aperçoit madame Mirvallon.*) Comment c'est vous, Marie! Où étiez-vous donc?

MARIE.

Mais, madame, je n'ai été qu'à la poste, pour mettre une lettre à mon frère. Madame sait pourtant bien que je n'ai pas l'habitude…

MADAME MIRVALLON, *d'un ton sec.*

Tant que je ne suis pas rentrée, vous ne devez sortir sous aucun prétexte. Je vous l'ai déjà dit, ma fille. Qui surveillera Albert? Et la maison, si vous la quittez, même pour un instant, n'importe qui peut s'introduire. Ce petit qui était là tout seul, quand je suis arrivée, qu'est-ce qui l'empêchait?…

MARIE

C'est le gamin qui a apporté les chapeaux neufs de Madame…

MADAME MIRVALLON.

Oui, je sais… que ça ne se renouvelle plus… vous entendez? Monsieur n'est donc pas encore rentré?

MARIE.

Si, madame. Seulement monsieur est ressorti tout de suite avec monsieur Vaubois qui était venu le chercher, à ce que je crois.

MADAME MIRVALLON.

Et Albert?

MARIE.

Il était là, il n'y a qu'un moment, madame.

MADAME MIRVALLON.

C'est vous qui l'avez fait sortir de la cabane?

MARIE.

Non, madame. C'est monsieur.

MADAME MIRVALLON.

Ah çà! où est-il passé?

MARIE.

Madame sait bien comme il est joueur, il n'y a pas plus diable... Il est bien capable d'être monté

4.

dans la voiture à Gallois... Je l'ai croisée en sortant... avec ça que c'est son défaut à Gallois d'emmener des gamins : ce qu'on l'a déjà disputé pour ça...!

MADAME MIRVALLON, l'interrompant.

Oui, c'est possible, mais enfin vous ne l'avez pas vu, vous, dans cette voiture?

MARIE.

Ça non...

MADAME MIRVALLON.

Alors, pas plus que moi, vous ne savez où il est... je ne peux pas l'enfermer constamment, tout de même... à moins de verrouiller toutes les portes... Les chapeaux sont dans la chambre?

MARIE.

Oui, madame.

MADAME MIRVALLON.

Descendez-les-moi.

MARIE.

Bien, madame; j'y vais.

Elle sort, entre dans la maison. Madame Mirvallon l'appelle.

MADAME MIRVALLON.

Marie!

MARIE.

Madame!

MADAME MIRVALLON.

Si vous voyez Albert rentrer par la petite porte de service, vous me l'enverrez tout de suite... je ne veux pas que ça se passe comme ça... ah! non par exemple... allez...

MARIE.

Oui, madame.

Elle sort.

MADAME MIRVALLON, à part et regardant Marie partir.

Confiez donc une maison à des têtes pareilles!... Ça veut tout savoir, tout juger... elles ont le toupot de parler des défauts des autres... si cela continue, elle ne fera pas long feu ici, celle-là... quant à Albert, il aura de mes nouvelles en rentrant... je le secouerai comme il faut... si seulement cette fille le surveillait un peu plus ; mais elle aime mieux lire son feuilleton ou écrire à son frère, en admettant que ce soit son frère... Pour bien faire, il ne faudrait pas que je m'absente, il faudrait rester là comme une esclave, être sur leur dos : « Ne faites pas ci, ne vas pas là, allez ouvrir, tiens-toi tranquille. » Dieu que c'est agaçant ! Je suis énervée au possible... ça ne m'étonnerait pas autrement d'avoir la migraine demain...

Marie revient avec les cartons et les pose sur la table.

MARIE.

Voilà, madame !

MADAME MIRVALLON.

Montrez... (*Marie sort les chapeaux et les présente à madame Mirvallon.*) Ils ne sont pas mal... celui-là fait riche ?... (*Madame Mirvallon coiffe l'un des chapeaux, et Marie élève à la hauteur de son visage la glace à main qu'elle vient d'apporter. Le jeu de scène doit être extrêmement rapide. Presque aussitôt en replaçant le chapeau dans le carton, madame Mirvallon reprend à part soi.*) Il faut absolument que j'en finisse une bonne fois avec cette histoire de chapeaux qui commence à agacer singulièrement Émile... (Plus haut à Marie.) Vous allez... (On entend soudain jouer le loquet. Madame Mirvallon se retourne et aperçoit son mari derrière la grille.) Ah! voilà monsieur... (Rapidement à Marie.) Emportez vite tout ça... vous mettrez les chapeaux dans le placard... (Marie sort avec les chapeaux: à mi-voix.) Il est de mauvaise humeur... (Elle fait quelques pas au-devant de lui: sur un ton aimable et empressé.) Bonjour, Émile!

Mirvallon descend en droite ligne, sans se rapprocher de sa femme, va à la table de droite, pose son chapeau et s'assied brusquement. Un temps.

SCÈNE VI

MIRVALLON, d'un ton cassant.

Bonjour.

MADAME MIRVALLON.

Quoi de nouveau aujourd'hui?

MIRVALLON.

Rien...

MADAME MIRVALLON.

Rien?

MIRVALLON, impatienté, la regarde dans les yeux.

Eh bien! oui... rien... là...

Silence. Il fouille dans ses poches, tire des papiers, les regarde, fronce les sourcils. Madame Mirvallon dans le fond le regarde craintivement à la dérobée. Mirvallon a l'air fort en colère et ne lève plus les yeux de ses paperasses.

MADAME MIRVALLON.

Tu as eu des ennuis?

MIRVALLON se retourne à demi et répond avec éclat.

Quels ennuis?

MADAME MIRVALLON.

Mais je te le demande, mon ami. Comment veux-tu que je sache?

MIRVALLON.

Alors fiche-moi la paix...

MADAME MIRVALLON.

Mon Dieu! comme tu t'emportes... (silence.) Mais je croyais que Vaubois était venu te chercher tout à l'heure.

MIRVALLON.

Qui est-ce qui t'a dit ça?

MADAME MIRVALLON.

Je l'ai su par la bonne...

MIRVALLON, sur un ton brusque.

Qu'est-ce qu'elle a à se mêler de tout, celle-là?
Oui, puisque tu tiens à le savoir... Vaubois est
venu me chercher...

MADAME MIRVALLON.

Ce n'était pas grave, au moins. ce qu'il avait à
te dire?

MIRVALLON, emporté.

Il s'agit d'affaires... tu n'y connais rien et ça ne
te regarde pas.

MADAME MIRVALLON.

Cependant tu sais bien que tes soucis sont les
miens...je ne demande...

MIRVALLON, l'interrompant.

Tu seras bien avancée, quand je t'aurai dit ce qui est... pour ce que tu y peux... enfin tu veux savoir tout de même...

MADAME MIRVALLON.

Mais si ça doit le moins du monde...

MIRVALLON, l'interrompant.

Eh bien, voilà. Il y a que Vaubois est venu m'annoncer la prochaine faillite de Baptiste Moreau, un commissionnaire avec qui j'ai un compte. C'est tout; comme ça, ça n'a l'air de rien n'est-ce pas? Ça ne te dit pas grand'chose à toi... (Il se lève et arpente la scène.) eh bien, s'il ne paye pas (Avec force.), s'il ne peut pas payer, j'y serai de plusieurs mille francs.

MADAME MIRVALLON.

Ah! mon pauvre ami... je comprends... tu es bien éprouvé... sans doute... rien n'est encore définitivement perdu...?

MIRVALLON, *tout en suivant son idée.*

Tout ça pour un crétin qui ferait mieux de casser des cailloux que de mener une affaire...

MADAME MIRVALLON.

Tu ne t'y attendais pas?

MIRVALLON.

On le croyait solide. C'est une sacrée leçon tout de même. Demain, j'irai voir l'homme d'affaires.

MADAME MIRVALLON.

Vous allez le poursuivre?

MIRVALLON.

Et rondement, je te promets que ça ne traînera pas...

MADAME MIRVALLON.

Seras-tu payé en fin de compte?

MIRVALLON.

Ah! ça... c'est, sacrebleu, ce que nous ne

savons pas... en tout cas, il faudra bien s'arranger tout de même... on le vendra, on liquidera, on saisira... je ne sais pas, moi...

MADAME MIRVALLON.

Il est marié?...

MIRVALLON.

Oui.

MADAME MIRVALLON.

Il a des enfants?

MIRVALLON.

Trois, je crois?

MADAME MIRVALLON.

Petits?

MIRVALLON, vivement.

Je n'en sais rien, et d'ailleurs je m'en moque. Ce n'est pas le moment de faire du sentiment. Il n'en a pas fait, avec l'argent des autres, lui...

MADAME MIRVALLON.

Peut-être n'a-t-il pas eu!...
> Elle s'arrête, avec le sentiment qu'elle va trop loin.

MIRVALLON, cassant.

Quoi... qu'est-ce que tu dis?...

MADAME MIRVALLON.

Rien, rien... je t'assure... je ne sais pas pourquoi... une idée...

MIRVALLON, reprend son idée.

D'ailleurs, je ne suis qu'un imbécile et tout ça, c'est bien fait pour moi... j'ai encore manqué de poigne... si j'avais agi dès le début, nous n'en serions pas là.

MADAME MIRVALLON, timidement.

A ce moment-là, il méritait probablement ta confiance?...

MIRVALLON, furieux.

Qu'est-ce que tu en sais?... Seulement, moi, je ne suis qu'un jobard... Moreau était dépensier.

paresseux, j'aurai dû faire attention... pffft...
Comme le premier badaud venu, je pensais qu'il
en avait les moyens... tiens, je te le répète, je ne
suis qu'une bête; je suis trop brave homme; si
j'étais seulement plus carré, plus énergique, plus
ferme... bon Dieu!

MADAME MIRVALLON, après un silence et timidement.

Sans doute en affaires on réussit mieux en...

MIRVALLON, l'interrompant.

Pas qu'en affaires... chez soi, comme ailleurs...
ce qu'il faut, c'est de la fermeté, il faut savoir ce
qu'on veut et montrer de la poigne, je te dis...
sans ça on est toujours roulé, toujours et partout,
roulé par les gens, roulé par sa femme, roulé par
son fils!...

Un silence pendant lequel madame Mirvallon se résorbe davantage
en elle-même. Mirvallon a fait sauter la table d'un coup de poing;
il réunit à nouveau les papiers qui sont devant lui, sur la table,
ses gestes décèlent de la colère.

MADAME MIRVALLON, à mi-voix.

Mon Dieu! le voilà hors de lui!

Mirvallon suit de l'ongle une énumération. Pendant ce temps,
madame Mirvallon le regarde encore un moment, puis remonte
vers la grille, inspecte un instant des yeux la route, le jardin et la
maison. Un silence.

MIRVALLON, entre ses dents, les yeux fixés
sur ses paperasses.

Ça m'apprendra à me laisser monter le coup...
l'indulgence, les concessions, les atermoiements,
belles sornettes!... (En se penchant sur des colonnes de
chiffres.) si je m'écoutais, je l'exécuterais demain...

Il se remet à lire. Madame Mirvallon redescend, elle regarde curieu-
sement autour de la maison, sans inquiétude.

MADAME MIRVALLON, à part et à mi-voix.

Où peut-il bien être passé ?... (Elle fait quelques pas,
s'arrête derrière Mirvallon et s'adresse à lui.) Je te demande
pardon de te déranger... je voulais te dire... c'est
toi, n'est-ce pas, qui as ouvert la porte à Albert?

MIRVALLON, bourru, relevant à peine la tête.

Quelle porte ?

MADAME MIRVALLON.

Celle de la cabane, là...

MIRVALLON, sur un ton brusque.

Possible... qu'est-ce qu'il y a ?

MADAME MIRVALLON.

Oh ! rien... il y a seulement que je ne sais pas
où est Albert... je...

MIRVALLON, le nez dans ses notes.

Ah ! il en prend à son aise aussi, lui, tu vas me
faire le plaisir...

MADAME MIRVALLON, l'interrompant.

Sois tranquille... je lui ferai les observations
qu'il mérite... évidemment, c'est inadmissible...
(Elle tire sa montre et constate à mi-voix.) Il ne doit pas être
loin de six heures et demie. (haut.) Je vais faire
mettre le couvert ?

MIRVALLON, sans lever le nez de ses papiers.

Dame ! je suppose...

MADAME MIRVALLON remonte vers la maison et appelle

Marie ! (On entend la voix de Marie qui répond : Madame)
Vous pouvez mettre la table...

LA VOIX DE MARIE.

Bien, madame, tout de suite.

MADAME MIRVALLON regarde autour d'elle et manifeste
un étonnement très légèrement mêlé d'appréhension.

Qu'est-ce qui lui a pris?... il devrait être là...
(A Mirvallon avec précaution, pour tâcher d'obtenir une réponse
satisfaisante.) Quand tu es parti vers cinq heures, il
était là ?

MIRVALLON, un instant de silence, puis, très énervé.

Mais oui... il était là... dans mes jambes...

Court silence.

MADAME MIRVALLON, qui sent que sa question va exas-
pérer Mirvallon et qui tâche de la poser sans y attacher trop d'importance.

Qu'est-ce qu'il faisait, tu ne te rappelles pas ?

MIRVALLON, éclatant.

Tu m'assommes, à la fin... est-ce que je sais ce
qu'il faisait?... Je te dis que Vaubois est venu
m'annoncer la faillite de Moreau et tu veux que
je sache si Albert jouait aux billes ou s'il se mettait les doigts dans le nez!... c'est idiot! ma
parole !

MADAME MIRVALLON, *doucement.*

Je sais bien que tu avais autre chose en tête... je disais ça... n'est-ce pas ?... (*Elle fait un geste évasif. Mirvallon ne répond pas, la bonne entre portant nappe et couverts sur un plateau ; elle met la table en silence ; madame Mirvallon est assise au fond. A mi-voix, à la bonne.*) Albert n'est toujours pas là ? Vous ne l'avez pas vu de votre côté ?

MARIE.

Non, madame.

La bonne sort après un court silence. Madame Mirvallon se lève et descend vers Mirvallon qui s'agite, en proie à une brusque exaspération ; elle essaie de surmonter les sentiments confus qui se peignent sur son visage.

MADAME MIRVALLON.

Voyons, Émile, qu'est-ce qu'il y a donc ?

MIRVALLON, *ironiquement.*

Tu le demandes ?

MADAME MIRVALLON.

Non... je vois bien tes ennuis, va... mais tu es si en colère...

MIRVALLON, l'interrompant.

Le fait est que je peux être de bonne humeur avec de pareilles histoires! Toi, ce n'est pas la même chose, tu prends ça bien... tant mieux... tu t'en fiches...

MADAME MIRVALLON, l'interrompant.

Mais je suis tout aussi désolée que toi de ce qui arrive... seulement quand je te vois si bourru avec nous qui ne sommes pour rien dans tes ennuis, je me demande...

MIRVALLON, l'interrompant.

Bourru! bourru! d'abord, ça n'est pas vrai; je suis ferme voilà tout. Je te l'ai dit, j'ai été assez jobardé comme ça... plus j'irai, plus je tiendrai la main à ce que je veux... Tu trouveras probablement que c'est de l'égoïsme...

MADAME MIRVALLON, aimablement.

Au fond tu es bien meilleur que ça... Va donc, tu n'es pas si méchant que tu veux le paraître... Ce sont tes affaires qui t'exaspèrent... tu as trop de choses en tête à la fois... et je te répète que débar-

rassé de tout ça, tu serais le meilleur des maris,
il n'y aurait pas de père plus gâteau que toi.

MIRVALLON.

Oui, en attendant, je suis comme je suis.

Marie entre et pose les derniers couverts sur la table.

MARIE.

Faut-il servir la soupe, madame?

MADAME MIRVALLON.

Mon Dieu! on peut peut-être attendre encore
un instant... il n'est pas possible qu'Albert...

MIRVALLON, l'interrompant.

Ah çà! est-ce que tu es folle! (Il tire sa montre.) Il
est sept heures passées, c'est Albert qui règle les
repas ici?...

MADAME MIRVALLON.

Je ne dis pas ça, mon ami... tu l'emportes...

MIRVALLON, sur un ton vif.

Parce qu'il plait à ce sacré moutard de ne pas
rentrer, nous poserions là... Ce serait le monde

renversé, par exemple! J'aurais bien voulu voir
que je me permette de faire ça à mon père... il
m'en aurait fait passer le goût... (Sèchement.) Met-
tons-nous à table. (À Marie.) Servez tout de suite.

*Marie sort et rapporte la soupe un instant plus tard; Mirvallon se met
à table. Madame Mirvallon remonte vers la grille.*

MADAME MIRVALLON.

C'est vraiment singulier... où peut-il être?

MIRVALLON.

Ne t'inquiète donc pas, et viens t'asseoir, ça
vaudra mieux.

MADAME MIRVALLON.

Il lui est peut-être arrivé quelque chose...

MIRVALLON.

Qu'est-ce que tu veux qu'il lui soit arrivé? Tu
ne vas pas t'imaginer des bêtises... Voyons, viens
dîner... (Elle s'assied à table.) il aura voulu aller trop
loin, il s'est peut-être trompé de chemin pour
rentrer, tout simplement... tiens... (Il lui passe une
assiette de soupe.) Mais je te promets que ça ne recom-

mencera pas... cette fois-ci, je vais m'en mêler...
Il saura comment je m'appelle.

Il mange son potage. Un temps.

MADAME MIRVALLON.

Écoute, ce n'est peut-être pas absolument de sa faute.

MIRVALLON.

C'est ça... je te vois venir... tu as déjà envie de l'excuser... la logique des femmes!

MADAME MIRVALLON.

En principe, je ne l'excuse pas, tu penses bien... seulement nous ne savons pas tout de même... il y a peut-être des circonstances...

MIRVALLON.

Oui... oui... les circonstances... la distraction... parfaitement... en attendant, ce soir il aura du pain sec... et je te préviens que je vais le corriger, je ne te dis que ça... il s'en souviendra... A-t-on jamais vu un galopin se permettre de pareilles fantaisies?... (Il lève la tête.) Eh bien! qu'est-ce que tu as, tu ne manges pas?

MADAME MIRVALLON.

Si, dans un instant.

MIRVALLON.

Qu'est-ce que tu attends?

MADAME MIRVALLON.

Rien... seulement j'ai l'estomac serré. Tu sais, j'ai là une boule. (Elle tente par un geste d'assurer Mirvallon que ce n'est rien.) Oh! ça va passer tout à l'heure...

MIRVALLON, avec quelque éclat.

Allons bon!... il ne manquait plus que ça... te voilà la tête à l'envers parce qu'Albert n'est pas encore là... Voyons quoi? Qu'est-ce que tu t'imagines?... Qu'est-ce que tu crois?

MADAME MIRVALLON, dans un geste de vif émoi.

Que sais-je, moi ?... on ne sait pas ce qui peut arriver.

MIRVALLON, en haussant les épaules.

Tu n'as pas le sens commun, je te dis... est-ce qu'un accident arrive comme ça?... (sur un ton plus catégorique.) Tiens, le vrai de tout ça ?... c'est que tu ne sais pas ce que tu veux... plus tard, ton fils n'aura guère de peine à te faire marcher !... (*Un court silence.*) Voyons, je t'en prie... raisonne-toi... reste un peu tranquille... tu es là que tu tournes la tête à droite, à gauche... ce n'est pas quand tu t'affoleras que ça servira à quelque chose... mange...

Madame Mirvallon prend deux cuillerées de soupe.

MADAME MIRVALLON *repose nerveusement la cuiller.*

Que veux-tu ?... Quand mes nerfs s'en mêlent...

MIRVALLON, *sur un ton dégagé.*

Tes nerfs... tes nerfs... tu n'as qu'à en venir à bout de tes nerfs... (*Madame Mirvallon ne répond pas, elle garde les yeux fixés sur la grille : sa serviette est jetée sur la table : un court silence, puis Mirvallon reprend du même ton.*) D'ailleurs si...

A ce moment, on entend au loin, dans un passage de brise, et sous le ciel assombri, le son perçant et prolongé d'un sifflet. Madame Mirvallon se lève à demi, regarde du côté de la grille et pousse un cri étouffé.

MADAME MIRVALLON.

Ah ! qu'est-ce qu'on entend ?

MIRVALLON, l'air étonné.

Ce qu'on entend tous les soirs... l'express de sept heures vingt... Qu'est-ce que tu as ?

MADAME MIRVALLON, l'air égaré.

Rien... je ne sais pas pourquoi... (Elle fait un geste évasif.) Tu es sûr que c'est l'express de sept heures vingt ?... on dirait...

MIRVALLON.

Ben, voyons, où es-tu ?... tu ne vas pas te frapper comme ça...

MADAME MIRVALLON.

Ne fais pas attention... c'est fini...
Un court silence pendant lequel Mirvallon laisse deviner, à son attitude, une secrète appréhension, confuse encore.

MIRVALLON.

Il nous en promet de l'agrément... (Madame Mirvallon ne répond pas et Mirvallon regarde sa femme ; avec moins de raideur.) Voyons, alors, tu ne veux pas manger ?

MADAME MIRVALLON, nerveusement.

Je ne peux pas... décidément non... je sens que
ça s'arrêterait là...

MIRVALLON.

Vraiment tu as peur ?

MADAME MIRVALLON.

Oui... est-ce qu'on sait ?... Je t'assure que je
donnerais je ne sais quoi pour être plus vieille de
deux heures...

MIRVALLON, sur un ton tranquille.

Allons ! Allons !

MADAME MIRVALLON.

Tiens, au lieu de rester là à m'agiter, je ferais
bien mieux d'aller à la rencontre du petit... tout
à l'heure il fera nuit... attends-moi... je vais aller
par là.

Elle désigne un côté de la campagne ; Mirvallon intervient
brusquement.

MIRVALLON.

Tu plaisantes, voyons... qu'est-ce que tu es en train de te mettre dans la tête?... Albert sera là dans un instant... ce n'est vraiment pas la peine de te morfondre d'un côté pendant qu'il rentrera de l'autre... Envoie Marie, si tu veux...

MADAME MIRVALLON.

Pour ce qu'elle sait s'y prendre celle-là!... enfin. (Appelant.) Marie!...

VOIX DE MARIE.

Voilà, madame.

Court silence. Mirvallon est toujours à table, mais il s'est arrêté de manger. Madame Mirvallon regarde fixement l'horizon du côté de la grille. Marie apparaît sur le perron.

MARIE.

Madame...

MIRVALLON, interrompant.

Oui... je n'y comprends rien... Albert n'est pas rentré... Madame est inquiète... (Il se tourne vers sa femme.) Ce galopin-là n'en vaut pourtant pas la

6.

peine... enfin il faut tout de même aller au-devant de lui... D'ailleurs...

MADAME MIRVALLON, interrompant.

Seulement n'attendez pas ; partez tout de suite. comme vous êtes...

MARIE.

Bien.

MIRVALLON, d'un air dégagé.

Oh ! vous allez le trouver par ici, à deux pas de la maison... il a dû galvauder jusqu'à main-tenant... suivez la route jusqu'au carrefour et ramenez-le-moi par les oreilles...

MADAME MIRVALLON, sur un ton de reproche.

Émile !

MIRVALLON.

Eh bien !... tu ne penses tout de même pas que je vais le complimenter de sa promenade...

MADAME MIRVALLON, vite à Marie.

Si vous ne le voyez pas, revenez vite nous le dire...

MIRVALLON, sur un ton de plaisante ironie.

Tu crois donc qu'il est au bout du monde ?

Marie se dirige vers la grille et va sortir. Madame Mirvallon, soucieuse, la rappelle.

MADAME MIRVALLON.

A propos. Marie !

MARIE.

Madame ?

MADAME MIRVALLON.

Dites-moi... Quand vous êtes sortie pour aller à la poste avant que je rentre, Albert était là ?...

MARIE.

Mais oui, madame... Il était là, près des marches...

MADAME MIRVALLON.

Seul ?

MARIE.

Non, madame, il y avait aussi avec lui le garçon qui a apporté les chapeaux à madame.

MADAME MIRVALLON.

Ah! le petit que j'ai trouvé là en rentrant?

MIRVALLON.

C'est Grapard qu'il s'appelle, je crois... n'est-ce pas ?

MARIE.

C'est ça.

MIRVALLON.

Je lui ai fourré tes cartons sur le dos pour venir jusqu'ici...

MADAME MIRVALLON, à Marie qui répond par un signe
d'assentiment.

Alors, il était là ce gamin quand Albert est
sorti.

MIRVALLON.

Dame ! si tu l'as trouvé à ton retour, c'est qu'il
est resté là tout le temps.

MARIE.

Et comme je disais à madame, moi je les ai vus
là tous les deux...

MADAME MIRVALLON, avec force.

Donc, il sait certainement où est passé le petit.
C'est impossible autrement. Il l'a vu s'en aller.
(A Marie.) Écoutez, si vous ne rencontrez pas Albert
sur votre chemin, il faut absolument retrouver ce
Grapard et l'amener. Il n'y a que lui qui sache...

MIRVALLON.

Mais d'ici qu'elle ait mis la main dessus, il y
aura beau temps qu'Albert sera rentré. Elle va
peut-être lui tourner le dos seulement.

MADAME MIRVALLON.

Possible. Tant mieux, s'il revient pendant ce temps-là. (A Marie.) En attendant, faites ce que je vous dis... Ce gamin nous renseignera sûrement. (A Mirvallon.) J'espère bien, va, que cela ne sera plus la peine... en tout cas, cherchez-le, ramenez-le... on doit pouvoir le retrouver... sais-tu où il demeure, toi ?

MIRVALLON.

Ah çà !... tout ce que je peux te dire, c'est qu'il promène son air ahuri toute la sainte journée, sur le rond-point de la gare.

MARIE, intervenant.

Moi, madame, je sais à peu près où il reste; je crois que c'est du côté du lavoir... en tout cas, ce n'est pas bien loin d'ici, je trouverai bien...

MADAME MIRVALLON.

Bon! allez... et surtout ne soyez pas trop long-temps dehors.

MARIE.

N'ayez pas peur, madame.

Elle sort.

MADAME MIRVALLON.

Ah! de le savoir dehors à cette heure-ci, je ne peux pas dire comme ça m'impressionne... (Haussement d'épaules de Mirvallon.) Oui... tu vas me dire que ce n'est pas raisonnable... évidemment, mais vois-tu... tant qu'il ne sera pas là...

MIRVALLON.

Tu mets tout au pis... c'est ridicule...

MADAME MIRVALLON.

Enfin ça ne lui est jamais arrivé... c'est ce qui me fait croire...

MIRVALLON.

Tu te bouleverses... et bien inutilement, je t'assure... (Il tire sa montre.) Il ne peut plus tarder maintenant... (Il dit l'heure.) Je crois bien...

MADAME MIRVALLON, en regardant ailleurs,
sans amertume.

Il ne se rend certainement pas compte de l'heure.

MIRVALLON, sur un ton brusque.

Ça dépend. seulement. bien entendu, il ne se
presse pas... tu penses... il sait ce qui l'attend.

MADAME MIRVALLON, nerveusement.

Oh! non. je t'en prie. pas ce soir... ne te
montre pas trop... laisse-moi faire...

MIRVALLON, vite.

Et pourquoi ça?

MADAME MIRVALLON.

Tu verras. je lui parlerai. je lui ferai comprendre qu'il a mal fait.

MIRVALLON, sur le ton de sa femme.

Et deux minutes après, ce sera fini. (D'une voix
forte.) Et l'exemple?

MADAME MIRVALLON, presque cavalièrement.

Oh! qu'est-ce que tu veux? l'exemple? je sais bien...

MIRVALLON.

Alors ne rien lui dire?... le soir même d'une sottise pareille... quoi faire encore!

MADAME MIRVALLON.

Oui... il ne faudrait peut-être pas... mais c'est plus fort que moi je t'assure... maintenant il n'y a plus qu'une chose à demander : qu'il rentre... qu'il rentre tout de suite... (court silence.) je serai bien forcée de l'embrasser...

> court silence.

MIRVALLON, sans trop d'âpreté.

Il est joli, ton système... (il tire sa montre à l'insu de sa femme et la remet sans rien dire dans son gousset.) C'est ton affaire, si tu cèdes une fois...

MADAME MIRVALLON, avec une indulgence inquiète.

Es-tu sûr d'avoir toujours raison?... voyons...

7

MIRVALLON, *avec assurance mais sans rigueur.*

Il faut que les parents...

MADAME MIRVALLON, *l'interrompant.*

Les parents sont souvent trop sévères... et nous aussi il y a des fois où nous sommes trop sévères...

MIRVALLON.

Allons donc...

MADAME MIRVALLON.

Parfaitement... on n'est pas toujours juste avec les enfants... Il faut se mettre à leur place, on ne le fait jamais...

MIRVALLON.

C'est heureux... où irait-on ?

MADAME MIRVALLON.

On serait meilleur, voilà tout... sans compter qu'il vaudrait mieux les gâter un peu, quand ils sont petits et qu'on les a... après, est-ce qu'on sait ce qu'ils deviennent seulement ?...

MIRVALLON.

Je ne te connaissais pas cette morale...

MADAME MIRVALLON.

Avec ça que la discipline réussit toujours... la sévérité pour eux, c'est de l'injustice et souvent ils ont raison... est-ce qu'ils peuvent comprendre ce que c'est qu'un devoir? mais non, ils n'y voient qu'une défense de plus... combien en a-t-on perdus ainsi? (Elle s'échauffe.) avec des punitions, on les a changés, arrêtés, éteints... on ne sait pas ce qu'ils auraient pu être... (Un court silence.) Ah! si c'était à refaire! (Avec émotion et nettement.) Qu'est-ce qu'on leur demande aux enfants : d'être là et de bien se porter!... (Un silence. Mirvallon ne répond pas et reste pensif. Brièvement.) Quelle heure?

MIRVALLON. sans tirer sa montre et du ton d'un homme qui mesure exactement le temps qui passe.

Pas loin de huit heures.

MADAME MIRVALLON.

Mon Dieu! où est-il... il se passe quelque chose... il ne revient pas...

MIRVALLON, tout en se levant.

Marie le ramène, va... (Il remonte en parlant jusqu'à la grille.) elle l'aura trouvé quelque part par là, en train de faire la vie avec des garnements de son espèce... (A la grille.) Tiens, la voilà justement Marie... seule avec Grapard. (Il se retourne vers sa femme qui remonte précipitamment vers le fond.) Bon Dieu! et l'autre! Ah ça! qu'est-ce que ça veut dire?

Marie paraît à la grille un peu essoufflée; Grapard entre derrière elle, il est vêtu de la même blouse noire, il promène autour de lui des regards d'innocent et continue à mordre à belles dents dans une épaisse tartine qu'il tient ostensiblement à la main.

SCÈNE VII

MADAME MIRVALLON, à Marie.

Eh bien! eh bien! personne ne l'a vu?

MARIE, très vite.

Non, j'ai demandé, j'ai cherché... rien... je n'ai trouvé que Grapard pas loin d'ici...

MADAME MIRVALLON.

Ah!

MIRVALLON, à Grapard sur un ton brusque, prenant une chaise
et s'asseyant.

Arrive ici...

Grapard s'approche et répondra la bouche pleine indolemment.

MADAME MIRVALLON, avec une nervosité impatiente et
mal contenue.

Voyons, mon petit...

MIRVALLON, l'interrompant brusquement.

Laisse-moi... je n'en ai pas pour longtemps...
(A Grapard.) Où es-tu allé avec Albert?

RAPARD, après un court silence sans regarder Mirvallon.

Je viens de chez nous...

Marie se rapproche pendant toute cette scène, se penche vers Grapard
pour mieux entendre la réponse.

MIRVALLON, rageusement.

Il ne comprend rien... (Reprenant.) Enfin tu es
resté ici avec Albert... Qu'est-ce que vous avez
fait?...

7.

GRAPARD.

On a rien fait.

MIRVALLON, avec un haussement d'épaules.

Quel idiot!

MADAME MIRVALLON, immédiatement à Grapard.

Tu as vu partir Albert? est-ce qu'un autre petit
garçon l'a appelé pendant que tu étais là, dis?

GRAPARD, tout en mangeant, sur un ton indifférent.

Je sais pas...

MIRVALLON frappe la table et prend un ton courroucé.

Tu vas lâcher ta tartine et me faire le plaisir de
me répondre mieux que ça. (Grapard prend conscience
de l'irritation de Mirvallon, semble terrifié, il s'arrête de manger,
et se tient coi, les yeux baissés.) Qu'est-ce qui a appelé
Albert? Hein?

Grapard ne répond pas, cloué qu'il est par une peur soudaine et
insurmontable; il lève les yeux un moment, puis se les cache
soudain avec ses poings, comme s'il était prêt à pleurer et comme
s'il voulait se garer des coups que peut lui attirer son mutisme.

MADAME MIRVALLON intervenant alors, avant que Mirvallon ait eu le temps d'exprimer à nouveau sa mauvaise humeur; à Mirvallon:

Tu lui fais peur... tu n'en tireras rien comme ça... laisse-moi... (Elle prend Grapard doucement par les poignets, lui découvre ainsi le visage, s'assied et l'attire près d'elle.) Allons, mon petit... (Comme si elle récapitulait des choses simplement accomplies.) tu es venu ici, tu as vu Albert, tu es resté longtemps avec lui... Je sais bien que vous avez été sages... ce n'est pas pour ça, mais Albert il n'a pas voulu t'emmener jouer quelque part?... Enfin tu l'as vu partir?... il ne t'a pas dit où il allait?... est-ce qu'il y avait longtemps qu'il était parti quand je suis arrivée... il venait de partir, hein?... par là ou par là?... (Grapard ne répond à aucune des interrogations que suit un court silence; il fait une moue d'enfant prêt aux larmes. Dans un geste nerveux de découragement, madame Mirvallon le lâche; il en profite pour se couvrir le front avec la main et recule un peu. Madame Mirvallon fébrilement.) Rien... rien...

MIRVALLON.

Tu vois bien qu'il est idiot. (Il se détourne machinalement aussi et aperçoit Marie, avec vivacité.) Eh bien, et vous, qu'est-ce que vous faites là?... vous auriez déjà eu le temps d'aller jusqu'aux écoles...

MARIE.

Je...

MADAME MIRVALLON.

Mais oui... au fait... allez-y vite... il y a beaucoup d'enfants le soir, devant la place... on ne sait pas... (Marie gagne la grille, en acquiesçant par des signes de tête. Madame Mirvallon sur un ton plus haut.) Revenez au galop... s'il n'y est pas, je pars à mon tour...

Court silence. Madame Mirvallon, qui maintenant redoute tout redescend sur le devant de la scène, la tête maintenue entre les paumes de ses mains. Mirvallon s'éloigne aussi de la grille et se dirige vers le côté opposé à celui où s'oriente sa femme.

MIRVALLON. à part, entre ses dents.

Décidément, aujourd'hui...

Silence ; Grapard se rassérène, saisit l'opportunité du moment et s'apprête à partir, il se rapproche sans bruit de la table, reprend sournoisement sa tartine et gagne la grille avec mille précautions ; là il se sent à peu près en sûreté, le fait voir par une expression de plaisir niais et part à toutes jambes...

SCÉNE VIII

MADAME MIRVALLON, à mi-voix et à part.

Va-t-elle le trouver maintenant. Je suis dans les transes... il s'est peut-être perdu... (Elle se cache

la tête dans ses mains, un instant.) Mon pauvre petit,
qu'est-ce qu'il y a?... voyons... où es-tu?... pourquoi ne reviens-tu pas?

Court silence.

MIRVALLON se retourne du côté de la grille vers laquelle il va
se diriger, il constate aussitôt le départ de Grapard.

L'autre a filé derrière la bonne... quelle buse
encore que celui-là?... est-ce qu'il a seulement pu
remarquer quelque chose avec sa face d'abruti?...

Madame Mirvallon se détend nerveusement soudain.

MADAME MIRVALLON.

Ah! je n'en peux plus... mon Dieu!

MIRVALLON, à la grille, de trois quart se retourne, sur un ton
apparemment calme.

Voyons, ce n'est peut-être rien...

MADAME MIRVALLON, debout et avec l'éclat pathétique
d'une brusque intuition douloureuse.

Mais non... tu sens bien que non!... il est malade... égaré... pris... blessé! il y a un mal-
heur!...

MIRVALLON.

Oh! voyons...

Sans s'interrompre madame Mirvallon poursuit.

MADAME MIRVALLON.

...La nuit vient... il n'est plus admissible qu'il ne se rende pas compte de l'heure... je vais toujours chercher mon manteau pour être toute prête...

MIRVALLON.

Tiens il est là, dans l'entrée, pendu... (Madame Mirvallon monte les marches du perron, entre dans le vestibule. Mirvallon seul regarde l'horizon, la route, tire sa montre et dit simplement :) C'est vrai... ça commence à devenir inquiétant...

Il continue à scruter le chemin et les alentours, tandis que madame Mirvallon redescend, les épaules couvertes. Elle parle à mi-voix, les yeux presque clos, on devine à quelle émotion intense correspondent ses vœux. Elle arrive en parlant doucement jusque sur le devant de la scène.

MADAME MIRVALLON, à voix basse et meurtrie.

Mon Dieu! l'avoir vu grandir... n'avoir jamais eu aucune crainte jusqu'à présent et tout d'un coup ne plus savoir... (un temps.) tout croire!...

Mon Dieu! faites qu'il revienne tout de suite... ramenez-le... (Elle s'arrête, ferme les yeux et met dans cet appel toute la ferveur qu'elle porte.) Mon petit, je t'embrasserai fort. je ne dirai rien, je te borderai, je t'écouterai dormir... n'aie pas peur, on ne te défendra plus rien... je sais bien maintenant... je ne t'aime pas assez... reviens... c'est en toi que je me pardonne... si tu ne reviens pas, je vais devenir folle.

A ce moment on entend Mirvallon qui crie, le regard orienté vers un des côtés de la route.

MIRVALLON.

C'est vous, Marie?

La voix de Marie : « Oui ! » Madame Mirvallon remonte précipitamment jusqu'à la grille.

MADAME MIRVALLON.

Ah!

On entend à quelques mètres de la grille la voix de la bonne : « Il n'y a rien ». Une impression d'angoisse éperdue glace un moment madame Mirvallon. Marie paraît, elle parle avec précipitation.

MARIE.

J'ai tourné autour des écoles, j'ai demandé à plusieurs gamins... ils ne l'ont pas vu..

Pendant cette réplique de Marie, madame Mirvallon fébrile fait quelques pas vers la maison, s'éloignant ainsi de Mirvallon et de la bonne.

MIRVALLON, à Marie sur un ton sourd et oppressé.

Vous êtes sûre ?...

MARIE.

Oui...

Madame Mirvallon se retourne presque sur ces mots

MADAME MIRVALLON.

Il ne reste plus que le côté de la gare, j'y vais.

Elle remonte.

MIRVALLON, rapidement.

La bonne ira bien plus vite que toi...

MARIE.

Mais je...

Elle s'approche de la grille pour repartir.

MIRVALLON, continuant, presque sans interruption
à sa femme.

Tu sais comme le chemin est mauvais... avec
la vue... tu...

MADAME MIRVALLON, angoissée.

Ça m'est égal... ça m'est égal...

MIRVALLON s'approche de sa femme comme s'il allait être
obligé de la retenir.

Allons, voyons... dans ce cas-là... j'aime autant
y aller moi-même.

MARIE.

Je cours... je cours... madame...

Marie dit cette réplique sur un ton hâtif qui doit, dans son esprit,
rassurer madame Mirvallon. Elle part en courant.

MADAME MIRVALLON, nerveusement.

Je te dis que je veux y aller aussi... je ne peux
pas...

MIRVALLON.

Mais puisque...

MADAME MIRVALLON.

Il faut... (ses nerfs l'abandonnent, elle défaille un peu.)
Seulement... seulement... j'ai besoin de respirer

un moment... j'ai une oppression, là... tu sais le souffle manque tout d'un coup... dans un instant.

Elle s'assied.

MIRVALLON.

Oui... remets-toi... Marie est déjà loin... tout à l'heure nous... tiens, d'ailleurs, on entend des voix... par là...

Il indique le côté par où Marie vient de partir, on entend des bruits de conversations étouffées, sourdes, encore lointaines. Madame Mirvallon qui a prêté l'oreille se lève, veut marcher vers la grille et ne peut avancer. Elle se rassied accablée.

MADAME MIRVALLON.

Oui... Oui... j'entends. *(Elle se lève et se rassied.)* Ah ! mon Dieu ! je ne peux plus tenir debout... mes jambes ne veulent plus.

Elle demeure assise à quelque distance du perron, tandis que Mirvallon gagne la grille et commence à parler sans se retourner. Il interroge le chemin. Le bruit des voix persiste et se rapproche.

MIRVALLON.

On vient par ici... oui... je vois mal, il fait trop noir... *(Il sort sur la route.)* il y a bien une lanterne... Ah ! si, je reconnais la casquette du garde-champêtre... voilà, ça explique tout, c'est ton garnement de fils qu'on nous ramène...

encore une histoire de cerises chipées... quelque
chose dans ce goût-là.

Il continue à regarder, les voix se rapprochent.

MADAME MIRVALLON, qui croit pouvoir se lever pour aller,
elle aussi, à la rencontre des arrivants.

Ah! mon Dieu, je vais... (Elle se soulève et retombe.)
Émile, je ne sais pas ce que j'ai... enfin... tu le
vois, le petit?

Court silence.

MIRVALLON, sans se presser.

On va en apprendre de belles.

Madame Mirvallon appuie sur un ton de supplication ardente
elle parvient à se lever à demi.

MADAME MIRVALLON.

N'importe... n'importe... on pardonne, dis...
on pardonne, papa...

Depuis un instant, Mirvallon fasciné n'entend plus. A l'horizon,
c'est le clair obscur de la nuit qui tombe. Les gens sont tout près
de la maison et le bruit des voix s'amortit. Madame Mirvallon
devine quelque chose et, sans un mot, son visage prend une expression angoissée d'abord, puis immédiatement éperdue. Mirvallon, arc-bouté près de la grille, demeure un instant silencieux.
Sa femme n'ose pas l'interroger; puis, d'une voix sourde, à part
soi, il parle.

MIRVALLON.

Eh bien... où est-il?... qu'est-ce que ça veut dire? (Plus fort.) Je ne le vois pas... (Brusquement.) Ah! ça...

MADAME MIRVALLON.

Tu...

Elle porte les mains à sa bouche et demeure pétrifiée. Court silence. Mirvallon fait deux pas en avant, comme s'il se précipitait au devant de ce qu'il entrevoit, puis il fait brusquement volte-face et revient précipitamment vers sa femme; son visage reflète un affolement soudain.

MIRVALLON.

Ah! mais dis donc, ma chérie... je ne comprends plus, il y a aussi le chef de gare...!

Mirvallon demeure un instant aux côtés de sa femme qui appuie sur la grille des regards agrandis par l'effroi, des gens se massent à la grille, derrière les barreaux, autour de la porte, on aperçoit confusément des visages apeurés, on entend des murmures, des conversations échangées à mi-voix. Puis Mirvallon s'écarte de sa femme et remonte précipitamment. Madame Mirvallon voudrait courir aussi à la grille, elle ne peut faire un pas. Au même moment, Marie rentre en courant, elle se précipite sur le perron, au bas duquel se tient, glacée d'épouvante, madame Mirvallon. Marie qui n'a pas vu, en passant, Mirvallon, a mis ses mains devant ses yeux comme pour chasser une vision affreuse, elle appelle madame Mirvallon d'une voix affolée et traverse en courant la scène.

MARIE.

Madame!... Madame!...

Rumeurs, mouvements divers ; le rideau tombe au moment où Marie
appelle « Madame » pour la seconde fois.

FIN

IMPRIMERIE CHAIX, RUE BERGÈRE, 20, PARIS. — 6016-3-06. — (Encre Lorilleux).

THÉATRE COMPLET D'ALEXANDRE DUMAS FILS

Chaque volume se vend séparément 3 fr. 50 c.

9 782329 737966